AF210982

Mira Witte

Ein Herz
schlägt in Gedichten

Gedichte und Aphorismen

Bibliografische Information der Deutschen Nationalbibliothek:
Die Deutsche Nationalbibliothek verzeichnet diese Publikation in der Deutschen Nationalbibliografie; detaillierte bibliografische Daten sind im Internet über http://dnb.dnb.de abrufbar.

Lektorat: Rahsan Weilert
Cover: Mira Witte

Herstellung und Verlag: BoD – Books on Demand, Norderstedt

ISBN: 978-3-7578-5266-5

Für all die Menschen,
die den eigenen Takt ihres Lebens
noch nicht gefunden haben.
Gebt nicht auf und traut euch,
neben dem Beat zu tanzen.

Du bist dieser eine Stern
nachts an meinem Fenster.

*

Ich vermisse nicht dich,
sondern das,
was wir mal waren.

*

Du warst immer auf der Suche,
warum nie nach mir?

*

Gezähmtes Feuer lässt
deine Seele austrocknen.

*

Ich frage mich, katapultieren mich
schlaflose Nächte tiefer in meine
Dunkelheit oder bringen sie mich
meinen Träumen näher?
Und was ist, wenn beides
das Gleiche ist?

*

Wenn ich den Schrei unterdrücke,
schreit er in mir.

*

Und ich gehe immer wieder
Stück für Stück
dahin zurück,
dass ich die Freude
in meinen Tagen
am meisten
vermiss.

*

Vom Möchten und Lieben

Ich möchte, dass du mich siehst,
so wie ich bin.
Dass du mich liest,
als wärst du blind.
Dass du mich vergisst,
nur um mich neu kennenzulernen
und dass du mich nicht vermisst,
wenn wir uns voneinander entfernen.
Dass wir uns nah sind,
bei jeder Entfernung.
Dass Küsse sind wie Wind,
und so unschuldig,
als wären wir wieder jung.

Ich möchte, dass du nicht an mich denkst,
sondern mich fühlst.
Dass ich dein erster Kontakt bin,
wenn du vor Sorgen Bettlaken zerwühlst.
Dass du weißt,
du wirst mich nie richtig kennen,
und trotzdem den Mut hast,
dich in meinen glasigen Augen zu verrennen.
Dass wir reden,
ohne etwas zu sagen.

Dass wir es wagen,
unsere Herzen offen zu tragen
und dass du dich traust,
mich diese eine Frage zu fragen.

Ich möchte, dass wir heute sind
und nicht erst morgen.
Dass du mir zeigst dein Kind
und wir uns unsere Erinnerungen borgen.
Dass wir gebunden sind
und uns trotzdem frei fühlen.
Dass unsere Beziehung keine Einbahnstraße ist
und Mauern weichen Windmühlen.
Dass du mit mir lachst,
wenn du weinen musst.
Keine Angst vor Tränen hast,
denn sie stehen nicht immer für Verlust.

Ich möchte, dass du mich hältst,
wenn ich es gerade nicht kann,
dass du nie ans Ende denkst,
denn wir fangen gerade erst an.

*

Ich wähle das Glück
und mein Glück bin ich.
Während ich meine Perspektive verrück',
verschiebt es sich -
das Leben, die Wege, die Menschen.
Ich wähle mich
wird mein Leben niemals
in irgendetwas begrenzen.

*

Während du uns immer mehr verneinst,
schreit alles in mir *Ja*.
Während du ein Ende immer mehr bejahst,
schreit alles in mir *Nein*.

Ich suche diese eine Lücke
in deinem Argumentationsstrang.

Und dieses letzte Fünkchen *Mich*
in deinem Herzen.

*

Vielleicht bin ich mal gelaufen,
weg von mir
und dieser Welt.

Vielleicht kam ich niemals an,
bin versunken in Schwärze
und doch irgendwann wieder aufgetaucht,
mit diesem leisen Gefühl im Bauch.
Ein Kitzeln von Hoffnung
und ein kleines Licht.

Auch nach dem Weglaufen
kommt man irgendwann an,
denn die Welt ist rund.

Doch nur, wenn ich langsamer gehe,
sehe ich sie in bunt.

So bin ich vielleicht mal gelaufen,
doch gehe ich jetzt.
Ich selbst wirke leichter
und nicht mehr so gehetzt.

*

Wo Angst ist,
ist dieser eine Funke Hoffnung
nicht weit entfernt.

Schließe ihn sanft in deine Hände,
gieße ihn,
sodass Hoffnung
wächst zu einem neuen Strunk.

Setze eine Blüte oben drauf,
bestäube sie mit deinem Wesen,
du bist lang genug ängstlich gewesen.

Öffne dich bei Tag
und schließe dich bei Nacht,
lass die Angst nur eine sein,
die mit dir wacht,
aber nicht über dich.

Breite deine Arme aus,
strecke sie dem Leben entgegen.
Nur so kann Angst gehen.

*

Ich bin ein Mensch

Ich bin ein Mensch,
der sich unter Menschen verliert.
Der auf den ersten Blick gut klarkommt,
doch sein Leid bloß gut kaschiert.

Ich bin ein Mensch,
den andere Menschen überanstrengen.
Der auch in Gemeinschaft Ruhe sucht,
doch alle sind bloß am Rennen.

Ich bin ein Mensch,
dem das Menschsein überfordert.
Der vieles bekommt,
aber nie das, was er ordert.

Ich bin ein Mensch,
den der Gleichschritt aus dem Takt bringt.
Der gerne von Armen gehalten werden würde,
dann aber doch wieder bloß aus der Entfernung winkt.

Ich bin ein Mensch,
der sich in Gesprächen oft nicht antrifft.
Der seine Worte im Herzen trägt
und dann doch anderen überlässt seinen Stift.

Ich bin ein Mensch,
in dem Individualität kunterbunt rankt.
Der sie in Einheitsfarbe übermalt,
nur weil die Gesellschaft es so verlangt.

Ich bin ein Mensch,
der sich wie in einem Museum
gerne ausstellen würde.
Der dann nicht an sich glaubt,
sodass er niemanden findet,
der für ihn bürge.

Ich bin ein Mensch,
der gerne mehr unter Menschen wäre.
Der sich dann aber fehl fühlt,
denn er schafft es nicht
über den Nullmeridian seiner Hemisphäre.
Meine Welt ist nicht ihre Welt.
Und ich entdecke mehr Frieden am Himmelszelt
als auf Erden.

Eigentlich müsste ich so unglaublich mutig sein,
denn ich habe keine Angst mehr davor, zu sterben.
Doch so versuche ich zu überleben,
als Mensch unter Menschen,
der sich versucht von ihnen fortzubewegen.
Doch dabei fühle ich mich so einsam.

All die Liebe, die ich mal bekam,
ist jetzt Liebe, die man mir nahm.
Und so nehme ich mir mich selbst,
um zu verweilen auf dieser Welt.

*

Ich gehe in die Stille,
denn mein Herz sagt,
dass ich ihm zu viel denke.

*

Vielleicht empfinden wir
das Leben als kompliziert,
weil wir die
einfachen Antworten suchen.
Vielleicht ist das Leben
aber auch einfach,
bloß wir suchen nach den
komplizierten Antworten.

*

Das Leben ist oft seltsam
und gibt mir dadurch die Möglichkeit,
auch out-of-the-box zu sein.

*

Wenn ich meine Tage
immer gleich gestalte,
bleiben Tage
immer gleich.

*

Wo liegt der Sinn,
jetzt noch an etwas zu leiden,
das bereits vergangen ist?

*

Vielleicht ist das Leben dafür da,
dass ich lerne,
ich selbst zu sein.

*

Oft suchen wir vergebens den Sinn,
denn oft müssen wir den Dingen
ihren Sinn geben.

*

Ich suche nicht nach dem Sinn.
Ich suche bloß nach mir.
Hab' mich auf halber Strecke verloren,
doch hatte ich eh nie vor,
anzukommen.
Ich starte Dinge,
um sie abzubrechen,
gehe Wege,
um umzukehren.
Ich bin eine ewig Wandernde,
denn ohne ein Resultat
kann mich auch kein Resultat enttäuschen
und alles sieht eh viel schöner aus
aus der Ferne.

*

Du erblühst,
indem du dich dem Tanz
des Lebens hingibst.

*

Schmerzen bedeuten nicht immer Krankheit,
manchmal sind sie ein Zeichen
der Heilung.

*

Ich verfange mich in
den Paradoxien des Menschseins:

Ich habe Angst,
nichts Besonderes zu sein
und gleichzeitig habe ich Angst,
etwas Besonderes zu sein.

Ich habe Angst,
nicht gesehen zu werden
und gleichzeitig habe ich Angst,
erkannt zu werden.

*

Es ist okay,
dass du dich
deiner Schwärze hingibst,
solange du dich
ihr nicht ergibst.

*

Verloren habe ich mich nicht,
nur noch nicht richtig gefunden.
Ich fasse durch, durch Spiegelwände,
nur können sie mich nicht verwunden.
Und was zerbricht,
wird schöner sein,
denn Scherben bringen Glück
und Lücken lassen mehr Licht herein.

*

Für diesen Moment sind wir zu groß
und für das Leben zu klein.

Inneneinkehr

Ich schließe meine Augen
und frage mich:
„Was ist mit mir los?
Wofür soll diese Anspannung taugen?"
Meine Füße wandern über nasses Moos,
doch ich trage Socken und spüre nichts.
Ich kann mich nicht befreien,
wenn ich mich habe fest im Griff.
So lockere ich meine Finger,
vielleicht auch vorerst nur den kleinen.

Ich schließe meine Augen
und frage mich:
„Warum fühle ich mich so?
Wo kommt diese Angst immer her?"
Alles in mir scheint zu weinen,
doch ich setze mich zur Gegenwehr.
Wenn ich nur der Sonne erlaube zu scheinen,
bin ich wie ein Magnet ohne Nordpol
und Balance halten wird schwer.
Ich drehe mich dann nur um mich selber
und die Sonne wird dadurch nicht gelber,
sondern verschwimmt,
weil Panik die Führung übernimmt.

Ich schließe meine Augen
und frage mich:
„Bin ich das, die gerade so zu mir spricht?
Warum denn so streng
und von Abwertung durchspickt?"
Mein Blickfeld wird eng
und ich sehe nur die Uhr vor mir, die tickt.
Es gibt so vieles, was ich muss
und nur so weniges, was ich darf.
Doch ist das Leben Genuss,
und so nicke ich nicht mehr
zu jeder Aufgabe ganz brav.
Ich lerne eine neue Sprache,
eine, die es gut mit mir meint
und die all das Müssen automatisch verneint.

Ich schließe meine Augen
und frage mich:
„Warum fällt es mir so schwer,
ich selbst zu sein?
Wo kommen all die Zweifel her,
die mich jede Nacht anschrein'?"
Ich lege meine Hand aufs Herz
und spüre, ich bin am Leben.

Ich entscheide mich gegen
den vergangenen Schmerz,
und dazu, mich auf die Suche
nach mir selbst zu begeben.
Um ich selber zu sein,
muss ich mich erst einmal erkennen
und den Mut dazu haben,
mich mit ganz anderen Namen zu benennen.

Ich schließe meine Augen
und alles ist still.
Alles ist so, wie es ist
und dann gibt es auch nichts,
das ich will.
Und wenn ich nichts will,
dann kann ich einfach nur sein,
die Seele, die ich bin,
so sanft und rein.
Nur mein Atem, der geht,
meine Brust, die sich hebt.
So friedvoll kann zu leben sein.

*

Oft hört man:

Es ist nie zu spät.

Aber wenn wir ehrlich sind,

ist es das doch.

*

Wäre mein Körper ein Lied,

dann wäre die Liebe sein Metrum.

*

Jeder Anfang wird irgendwann ein Ende sein.

Auch etwas Neues zieht schnell als Routine ein.

Ich tanze zwischen Veränderung und Stillstand.

Unsicher, ob mir die Schrittfolge gefällt.

Doch halte ich den Taktstock in der Hand,

sodass ich die Melodie ändern kann,

wenn mich in diesem Lied hier nichts mehr hält.

*

Ich habe mich entschieden.
Dafür,
dass in einer Welt voller Schwärze
die Liebe existiert.

*

Doch eigentlich weiß sie,
die Monster nachts unter ihrem Bett
sind nur unausgesprochene Worte,
verworfene Taten
und konservierte Sorgen.

*

Wenn das Leben dir ein Ende schenkt,
mach einen Anfang draus.

*

Hände lassen irgendwann mal los.
Doch ich bitte dich um diesen letzten Tanz.
Aber bitte diesen ganz speziellen,
den du nach Uns benanntest.
Als jetzt die Musik erklingt,
Yin und Yang in verschiedenen Oktaven,
wird mir bewusst,
dass ich uns hier in dieser Melodie
nicht mehr find'.
Und so lösen wir uns,
von gemeinsamen Träumen
und Wegen.
Über diffuse Gefühle siegt Vernunft,
zerbrochene Liebe
lässt sich einfach nicht kleben.

*

Wenn der Startschuss fällt,
bin ich schon längst auf und davon.
Voller Kopf,
leeres Herz.
Ich wünschte,
es wäre umgekehrt.

*

Wir versuchen die Welt zu erklären
anhand eines Regelwerks.
Wenn etwas nicht passt,
ist gleich etwas an uns verkehrt.

*

Wenn ich mich immer gleich verhalte,
erschaffe ich mir jeden neuen Tag
im Kleid der Vergangenheit.

*

Der Regen tropft auf den Asphalt
wie ein Moment, der bald verbleibt.

*

Oft lasse ich mich nicht treiben,
sondern ich treibe mich an.

*

Das Laufen gewohnt,
das Gehen akzeptiert,
das Innehalten und Staunen verlernt.
Wir sehen nie,
wie nah etwas ist,
sondern immer nur,
wie weit entfernt.

*

Noch nicht so weit sein,
bedeutet ziemlich oft,
sich nicht zu trauen.

*

Ich muss nicht alles an mir mögen,
dennoch darf ich alles an mir
lieben.

*

Jedes Mal,
wenn mein Herz pocht,
stelle ich mir vor,
wie meine Seele
zu diesem Takt tanzt.

*

Es gibt Tage,
da bin ich selbst mein größter Antrieb
und an anderen mein größtes Hindernis.
Wie kann es sein,
dass mein größter Wunsch
gleichzeitig meine größte Angst ist?

*

Vielleicht bin ich selbst die Wendung,
die ich mir in meinem Leben wünsche.

*

Ich kann jeder Zeit neu aufbrechen.
Das Einzige,
was mich hindert,
bin ich selbst.

Wenn mein Verstand
die Hoffnung
schon längst aufgegeben hat,
glaubt mein Herz
noch immer an
die große Liebe.

*

Wenn die Liebe sagt,
dass alles möglich ist,
warum sitze ich dann noch hier,
mit nichts,
das mich hält,
außer einem leeren
Blatt Papier?

*

Es ist schon krass,
dass mir jemand so viel nehmen kann,
indem er mir nichts mehr gibt.

*

Ja, bitte sag,
bin ich noch auf dem richtigen Weg,
wenn sich mein Schatten nicht mehr
hinter mir bewegt,
sondern plötzlich vor mir steht?

*

Was ist,
wenn ein Mensch entschließt,
jetzt lange genug
stark gewesen zu sein?

*

Es ist schwer,
das loszulassen,
das mir einst mein Leben
gerettet hat.

*

Ich und die Nacht

Wenn dies meine letzte Nacht wäre,
ich würde raus gehen,
mich in das Mondlicht legen
und lernen,
die Sprache der Sterne zu verstehen.
Mit dem Wissen,
sie werden mich immer besser verstehen,
als ich mich selbst.

Und sie lassen mich erkennen,
ich brauche keine Antworten,
würde mich doch nur wieder
in ihnen verrennen.
Die Nacht ist viel weiser,
und so werde auch ich leiser,
um mich am besten zu verstehen.
- irgendwann.

*

Vielleicht ist nur das Schwierige
das wirklich Lohnenswerte.
Und vielleicht ist das Einfache
zu einfach,
als dass wir es erkennen.

*

Wenn im Inneren alles zusammenfällt,
ist es bloß der eigene Körper,
der einen zusammenhält.

*

Wir haben noch nicht erkannt,
dass Schatten auch aus
Liebe bestehen.

*

Hinter jeder Maske
weht ein eisiger Wind.

*

Wald der Kindheit

Schon früher kam ich oft hierher,
damals noch in Begleitung,
denn in einen Wald
sollte kein Kind alleine gehen.
Doch spürte ich schon damals,
ich bin nicht alleine,
die wachen Blicke der Bäume auf mir.
Sie wissen, wer ich bin,
sie kennen meinen Weg.
Sie wissen, wer ich damals war,
was in meinem Herzen geschrieben steht
und zeigen mir auf stummer Art:
Stille ist in meinem Leben rar.

Früher bin ich hergekommen,
um zu spielen und zu entdecken,
meine Finger nach oben
Richtung Baumkronen zu strecken
und die Stille zu erfahren,
um sie mit meinem eigenen Lachen zu füllen.
Und heute, nach all den Jahren,
bin ich hier auf der Suche
nach genau dieser Stille, die ich in der Welt

und in mir nur noch selten finde.
Wenn doch,
dann lasse ich sie mit allem Möglichen füllen,
nur nicht mit meinem Lachen.
Ich glaube, ein Mensch kann nicht
durch einen lauten Wecker,
sondern erst durch tiefe Stille
wirklich erwachen.
Und so erwache auch ich,
jetzt hier in diesem bekannten Wald,
ganz langsam und leise.
Die Bäume geben mir Halt,
auf ihre eigene Weise.
Ich frage mich, ob solch ein Teil
in mir auch existiert, der mich liebevoll
aus meiner Unsicherheit heraus navigiert.
Und einfach nur da ist,
wenn ich meine,
niemanden zu brauchen.
Der meine Hand hält,
sodass ich es wage,
in *meine* Stille einzutauchen.

*

Die Lauten haben nicht immer
etwas zu sagen.
Oft sind es die Stillen,
die Weisheit in sich tragen.

*

Ich erinnere mich mehr an das,
was du nicht gesagt hast,
als an das, was du gesagt hast.

*

Indem ich weniger habe,
werde ich selber zu mehr.

*

Wir sind alle viel zu bunt
für ein Leben in schwarzweiß.
Lasst uns all die Zwischentöne leben,
anstatt laut oder leis'.
Lasst uns wir selber sein,
anstatt richtig oder falsch.

*

Zu laufen,

ohne jemals gelernt zu haben,

zu gehen,

das ist,

was die Gesellschaft von einem verlangt.

*

Die äußere Welt

kann so schnell zerbrechen,

nur deine innere Welt hat Bestand.

Sie kann jede Phase überdauern,

wenn du einst zu ihr fandest.

*

Ich glaube,

dass sich auf Liebe alles reimt.

Denn Angst und Wut

sind oft nur verlorene Liebe,

die das Herz beweint.

*

In den Regenpfützen auf deinem Weg
spiegelt sich dein Licht
in all seinen Farben.

*

Ohne Ziel vor den Augen,
weiß ich zwar nicht,
wohin ich möchte,
aber ohne Ziel vor den Augen,
lässt es sich auch nicht fehlgehen.

*

Wie verdaut man
heruntergeschluckte Worte?

*

Ich muss mich dem Schmerz widmen,
um neuen Raum zu schaffen.
Er ist ein Teil von dem,
was ich werden möchte.

*

Vielleicht wird auch alles leichter.
- oft gedacht, nie gefühlt.
Vielleicht wird auch alles schwer.
- oft zerdacht, Bettlaken zerwühlt.
Vielleicht sollte ich an
Vielleicht gar nicht denken,
niemand weiß, was wird.
Vielleicht sollte ich mich mit
dem Moment beschenken
und all das fühlen,
das zum Leben gehört.

*

In Fragen werden Fragen laut,
jede einzelne gewinnt an Tiefe.
Ich wüsste gerne,
wie man Antworten klaut.
Vielleicht ist meine nächste Bahn
ja die schiefe.
Ich würde alles tun für die Gewissheit,
für die Erklärung meiner Situation.
Und während mein Verstand
weiter so laut schreit,
weiß mein Herz schon längst Bescheid.

Die richtige Portion Mensch

Wir leben alle undercover,
denn keiner kennt sich wirklich.
Wir hüten Geheimnisse
wie einen verbotenen Lover
und sind dabei selbst unser größtes Geheimnis.
Wir wollen kein Fis in unserem Lebenslauf,
nur die weißen Tasten sind erlaubt.
Und ist das nächste Notenblatt
noch nicht vorgeschrieben,
werden große Fragen laut,
in dessen Weiten wir lustlos stranden.
Wir haben das Leben erst verstanden,
wenn wir uns selbst verstehen,
denn wir sind beides:
Schlüssel und Schloss.
Wir sind *ja* und *als ob,*
aber wir sind niemals eine Option.
Wir sind die richtige Portion
Mensch.

*

Das Leid vom dreiblättrigen Klee

Wenn ich nach Hause gehe,
und mich dort nicht mehr sehe.
Nur Vergangenheit finde
und Träume in Schubladen.
Der Staub zieht seine Schwaden
im Sonnenlicht.
Vergangenes wiederbelebt
und dann versucht zu begraben
mithilfe dieses Gedichts.
Erste-Hilfe kommt manchmal zu spät
für einen gestorbenen Traum.
Und es kostet viel Mut,
dann trotzdem nach vorne zu schauen.
Es fällt mir schwer,
für die Gegenwart aufzustehen.
Jeden Morgen würde ich gerne
im Morgen leben
und doch verhalte ich mich so wie gestern.
Ich bin wie eine Studentin,
die ihre Jahre gezählt hat in Semestern -
viel Theorie, wenig Praxis.
Bin dabei noch meine eigene Dozentin,
der man in Vorlesungen nur wenig
Aufmerksamkeit schenkt.

Ich stecke fest zwischen Erde und Himmel
und wäre doch lieber in der Galaxis.
Meinen Blick Richtung Sterne gelenkt
und so frage ich mich,
ob eine körperlose Seele auch alles zerdenkt.
Ist Zeit, in der ich nicht
nach meinen Werten gelebt habe,
eigentlich verschenkt?
Und ich habe mich wohl verraten,
denn es gab da diese Tage,
da war ich so, wie ich nie werden wollte.
Und ich kann noch nicht einmal sagen,
dass ich so sein sollte,
sondern ich war es aus freien Stücken.
Und es war echt schwer,
dann wieder näher zu mir zu rücken
und mir in die Augen zu sehen.
In denen ich nur Schmerz sah und mein Herz,
das mein Verhalten nicht konnte verstehen.
Doch vielleicht muss man manchmal
Wege entfernt von sich gehen
und ein Mensch sein, der man gar nicht ist,
um dann zu erkennen, wer man ist.

Denn lernen tun wir am besten aus Fehlern
und Vergangenes kann nur schmerzen,
wenn man es vermisst.
Vielleicht durchschreitet man in Träumen
auch die Täler und um ehrlich zu sein,
habe ich ihren Anblick schon immer geliebt.
Vielleicht bin ich manchmal nachtragend,
aber immer einmal öfter jemand, der vergibt.
Sich selbst und den verlorenen Träumen.
Doch ich glaube nicht mehr daran,
dass etwas zu verlieren bedeutet,
etwas Besserem den Platz zu räumen.
Ich habe satt das Spiel
„Mein rechter rechter Platz ist frei",
denn das Gewünschte kam ja doch nie herbei.
Und auf leere Plätze zu schauen,
bloß von Stühlen umgeben,
auf denen ich eigentlich fliegend
meine Träume wollte leben,
tut so unheimlich weh,
sodass ich das Leid versteh
vom dreiblättrigen Klee.

*

Ich mag ein Leben mit Tiefgang,
doch in der Tiefe lauert oft der Schmerz.
Er zieht ein in jedes Gedicht
und nur so zerreißt er mir nicht das Herz.
Bei jedem Wimpernschlag entsteht etwas Neues,
doch auch verlieren wir.
Es gibt wohl nichts anderes so Treues,
wie der Schmerz, der mir passiert.
Ich wünschte, er würde mich passieren
und ich könnte ihn lassen.
Doch ich fühle mich dazu verdammt,
immer wieder in alte Wunden zu fassen.
Wenn ich immerzu Altes fühle,
kann nichts Neues passieren.
Wenn ich auf rein gar nichts setze,
kann ich auch nichts verlieren.
Aber Sicherheit schmeckt fade
und wirklich erinnern tue ich mich nur an Tage,
die nicht liefen wie geplant
oder wo hat sich Planung mit Freude verzahnt.
Doch zu selten schreibe ich über diese.
Weisheit entsteht wohl nur durch Fehlern
und Korrektur.
Und so zieht sich wohl durch jedes Leben
eine kleine schwarze Spur.

Bei mir ist es eine aus Worten,
die verschiedenen Metren folgt.
Ein Leben im Gleichschritt
habe ich nie gewollt.
Das ist wohl das Einzige,
was ich weiß
und gelernt habe,
durch schwarze Worte auf weiß.

*

Ich glaube,
manchmal liebe ich mehr,
als ein anderer mich.
Nur im Spiegel reflektiert sich das Licht
und in meinem Gegenüber
summiert sich die Liebe -
ist es meine, oder seine?

*

Liebe tut weh,
doch ich lerne damit umzugehen.
Weil ich es lernen muss.
Ich bleibe eine Schülerin auf Lebenszeit,
eine Schülerin der Liebe.
Auch wenn die Zeit
für all ihre Lehren nicht reicht.

*

Jeden Tag gebe ich mein bestes.
So ist Zeit niemals ungenutzt
oder ungelebt.
Wichtig ist nicht das Tempo,
sondern dass ich mich weiterbeweg'.

*

Es wird immer gesagt,
du sollst nach vorne schauen.
Aber ist es nicht der Blick zurück,
der einen lernen lässt?

Ich hänge fest in der Dauerschleife
und immer, wenn ich ein neues Blatt abreiße
ist ein Monat vergangen,
ohne Leben darin
Der Himmel wolkenverhangen
und ohne klare Sicht
gibt es nichts, das ich nicht bin.
Ich kann jetzt alles sehen,
was ich sehen will.
Doch ist da nichts, das ich muss,
ist mein Wille plötzlich still.

*

Vielleicht ist meine Dunkelheit,
alles von mir, das ich nicht sage.
Und jedes Lächeln ein Hinweis,
dass ich mich selber trage.
Ich verstehe es jetzt:
Ich bin alles, was ich habe.
Und das reicht.

*

Ich komme mir etwas näher,
immer ein kleines bisschen näher.
Ich bin nicht mehr länger schüchtern.
Und so folge ich dem Ruf nach Hause.
Ich öffne das Fenster zwischen meiner inneren
und der äußeren Welt,
doch bedeutet das,
dass sich das Risiko zu mir gesellt.
Die frische Luft weht durch mein Haar,
ich atme ein
und was ich grade noch hatte,
ist nicht mehr da.
So ist es, wenn ich etwas öffne,
dann schließt sich das andere.
Während ich vom Fenster zum Bett wandere,
fang ich an, um das Verlorene zu wein'
und über das Neugewonnene glücklich zu sein.

*

Das Leben zu belachen,
gerade an den dunklen Tagen,
ist die gelebte Weisheit
einer hoffenden Seele.

*

Wenn ich kein Ende will,

ist es meistens schon längst da.

Denn es kommt immer still

und wenn es mir kommt nah,

kriege ich kaum noch Luft

Ich bin ein Mädchen,

das nicht loslassen kann

Das ist es, wodurch der Schmerz entsteht.

Ich halte zu viel in meinem Griff gefang',

sodass ich nicht weitergehe, wenn es weiter geht.

Stattdessen versuche ich, Ersatzteile zu kaufen

und neue Schrauben zu setzen.

Ich könnte sie genauso gut

auf den Namen *Angst* taufen.

Auf die Angst davor,

dass mich wird ein neues Kapitel genauso verletzen,

wie das vergangene.

An jedem einzelnen Tag fühle ich mich

wie eine Gefangene,

ohne gute Kontakte zur Außenwelt.

Nichts lässt sich einschleusen,

kein Brief, kein Geheimplan oder Geld.

Nichts im Leben braucht Zeugen,

das äußerlich sichtbar ist

oder innerlich zerfällt.

*

Immer da,
wo mich das Leben aus der Bahn wirft,
habe ich zu viel am Äußerlichen festgemacht
und zu wenig mein Inneres bedacht.
Weil innere Freude
auch durch äußerlichen Schmerz
hindurch lacht
und jedes Schwarz durchbrechen kann,
aber erst,
wenn diese Freude nicht bei jemand anderem,
sondern in mir, mit mir
und bei mir begann.

*

Ein Lichtstrahl fällt herein,
sanft und leis,
ich strecke ihm meine Hand entgegen.
Draußen tobt ein Wind,
ich weiß.
So wird der Strahl sich fortbewegen
und schenkt vielleicht einem anderen Leben,
neue Hoffnung,
so wie soeben mir.

Wie freigewählt ist ein Leben?

In jedem Tag finde ich so viel andere
und so wenig mich.
Dabei ziehe ich mich sehr oft zurück
und doch ist es so,
als wenn ich unter Menschen wandere.
Was sie nicht zu Ende denken,
denke ich zu Ende.
Wohin sie ihren Blick lenken,
damit tapeziere ich meine Wände.
Damit ich ja nicht vergesse,
wonach ich streben sollte,
auf welche Errungenschaften
ich Wert legen sollte
und nein, es spielt keine Rolle,
dass ich das eigentlich selber nie wollte.
Doch ich weiß nicht, was ich will
und ist es um mich herum still,
kommt flüsternd ganz leise
etwas in mir hoch,
und ich schaue mich verzweifelt um.
Wie unterdrücke ich das bloß?

Denn es zeigt mir,

dass ich nicht lebe,

was ich bin,

aus Angst zu sein,

was ich bin.

Ich weiß nur, was die anderen sind.

Zumindest den Teil, den sie zeigen.

Ich wünschte, ich wäre wie der Wind:

Nicht da, um zu bleiben.

Während meine Gedanken

nur um mich kreisen

und darum,

wie mich andere nicht weg von sich weisen,

bin ich irgendwie gezwungen

so zu bleiben,

wie ich nicht bin.

Wo ist da der Sinn?

Ist man selbst zu sein

Zwang, Wahl, Fluch oder Segen?

Wie freigewählt ist ein Leben?

*

An manchen Tagen
verlaufe ich in Farben.
Da kann ich mich selber nicht tragen,
mich nicht zusammenhalten.
Und von meinen Gedanken,
erwische ich gerne mal die kalten.

An manchen Tagen
verbleibe ich im Dunkeln.
Da können alle meine Fehler hell funkeln,
ich halte sie kaum aus.
Und von meinen Gedanken
sortiere ich die mutigen aus.

Doch es sind bloß Tage,
vereinzelt und vergänglich.
Ich stelle nicht mehr infrage,
dass welche folgen voller Licht.
Und meine Gedanken,
sehe ich an als **eine** Sicht
unter vielen.

*

Es beginnt in mir.
Mancher Gedanke
löst aus,
dass ich mich
mit dem Leben
zanke.

Es endet in mir.
Ich verändere
meinen Gedanken,
so kann in
meinem Leben
die Freude ranken.

*

Manchmal gehe ich,
einfach bloß,
um noch einmal wiederzukommen.

*

In meinen Tiefen wühlen.

Mich selber fühlen.

Tanzen mit meinen
verschiedenen Anteilen.

Stundenlang in meiner
inneren Welt verweilen.

Zu lieben von innen nach außen.

In mir selbst beginnen
und mein Wirken sehen dort draußen,

ohne das Resultat zu bewerten,

sondern den Prozess zu genießen.

Meine inneren Werte gießen
und sehen,

wie meine Freude beginnt zu sprießen.

Mich umschauen und staunen,

vor allem über das Wunder,

das ich bin
und über all die Welten,

die in mir liegen.

Ich kann sie leben!

Wenn ich damit aufhöre,
mich für die Welt dort draußen
zu verbiegen.

*

Wenn meine Sicht
nicht die Wahrheit ist,
warum lacht mir diese Wahrheit
dann tagtäglich ins Gesicht?

*

Ich würde so gerne
meinen Cache leeren,
ganz von vorne beginnen,
den ersten Tag meines Lebens
noch einmal verbringen.

*

In der einzigen Schuld,
in der ich stehe,
ist die Schuld
der verwehrten Liebe
gegenüber mir selbst.

*

Manchmal bin ich mir selber fremd.
Aber bloß keine Panik,
ich habe ja mein ganzes Leben Zeit,
mich kennenzulernen.

*

Immerzu lebe ich mehr die Frage
als die Antwort.
Man mag meinen,
mein Leben steht still,
doch ich wechsel bloß innerlich
meinen Standort.
Ich habe noch nicht herausgefunden,
was ich will,
meinen Heimweg noch nicht gefunden.
So wird es wohl mein Leben lang sein,
denn wenn ich die Antwort erst habe,
ist die aufregende Neugierde verschwunden.

*

Unsere Erinnerungen tragen viele Namen.
Und manchmal ist es nur ein Schimmer
am Horizont,
der durch dich
eine tiefe Bedeutung bekommt.

*

Ich möchte uns vergessen,
ganz besonders dich.
Doch bedeutet das nicht auch,
ich vergesse ein kleines bisschen
mich?

*

Auch das Richtige
kann mit der Zeit
zum Falschen werden.
Habe Mut,
dich neu zu entscheiden,
wenn alles in dir ruft:
„Ich will hier nicht bleiben!"

*

Wind des Lebens

All die Fragen
wollen sagen,
lass dich tragen,
vom Wind des Lebens.

So brauchst du nicht länger
Antworten hinterher jagen,
Ballast der Sinnsuche
auf deinen Schultern tragen,
aus Angst vor dem Fall,
den Sprung nicht wagen
und Schnüre
um deine Flügel tragen.

Du darfst nicht verzagen
und immer ein Mal mehr
Mut haben.
Du darfst dich trauen,
und darauf bauen,
du wirst vom Wind des Lebens
getragen.

*

Manchmal halte ich mich,
manchmal halte ich mich auf.

Manchmal fange ich mich auf,
manchmal fange ich mich ein.

Manchmal treibe ich,
manchmal treibe ich mich an.

Manchmal kämpfe ich um mich,
manchmal kämpfe ich gegen mich.

Manchmal lache ich mich an,
manchmal lache ich mich aus.

Manchmal gebe ich,
manchmal gebe ich auf.

Manchmal löse ich mich,
manchmal löse ich mich auf.

Manchmal rede ich,
manchmal rede ich mich raus.

Manchmal, vielleicht auch immer,
macht ein Wort den Unterschied.

Vielleicht bekommt die Haut
mit dem Alter Falten,
weil sie die Risse widerspiegeln,
die das Leben im Inneren hinterlassen hat.

*

Bereits gegangene Wege zu gehen,
ist wie zu leben,
ohne Spuren zu hinterlassen.

*

Narben verzieren deine Individualität
und stellen deine Schönheit zur Schau.

*

Verletzlichkeit macht echt
und ermöglicht,
dass aus Wunden Blumen wachsen.

*

Wo hältst du dich zurück,
weil du glaubst,
es nicht verdient zu haben?
Was hältst du für zu verrückt,
sodass du es nur denkst,
anstatt es laut zu sagen?

Was ist, wenn du
den nächsten Schritt
voll Größe gehst?
Kann gut sein, dass es dich
ganz woanders hin verschlägt.

Doch nach diesem Weg,
wirst du wohl merken,
du hast dein Leben
für *dich* gelebt.

*

Wenn du die Angst
als Begleiterin akzeptierst,
wird sie zu einer Ratgeberin
unter vielen.

*

Das Stundenkontingent meiner Angst
ist überstrapaziert.
Jetzt bummelt sie Überstunden ab.
Wer zeigt mir,
wie man sein Leben ausschweifend verziert,
mit Luftschlangen bunt drapiert
und seine Klarheit
trotz Waghalsigkeit nicht verliert?

*

Mein Leben besteht aus Kontrasten
und Vergleichen.
Ich kenne als Chancen nur die verpassten
und was ich auch tue, es wird niemals reichen.
Ich kann mich gut konzentrieren,
doch nie auf mich.
Ich kann Lügen gegen den Wind riechen,
außer die, die aus dem Spiegel zu mir spricht.
Ich weiß, was zu tun ist, was ich verändern sollte.
Doch geht es dann ans Eingemachte,
ist mein Wille der Erste, der sich verpisst
und so lebe ich ein Leben, das ich nie wollte.

*

Bleiben zu wollen
und gehen zu müssen,
nennt sich dem Ruf des Lebens vertrauen.

Das Herz trotz Gefahr
vor Verletzungen nicht zu verzollen,
nennt sich Platz für die Liebe einbauen.

Leise zu sein
und Taten zu vollbringen,
nennt sich eigene Werte verkörpern.

Ohne Noten lesen zu können,
sein Leben zu besingen,
nennt sich leben
zwischen tanzenden Wörtern.

Dem Leben vertrauen,
die Liebe einbauen,
Werte verkörpern,
leben zwischen tanzenden Wörtern.

Zu leben,
lässt Du es zu?

*

Vergänglichkeit

Ich lasse mich fallen
und schwebe zu Boden.
Ich werde leicht
und ich lasse mich vom Wind
durch die Lüfte toben.
Dabei bin ich still und unaufgeregt,
denn so wie sich der Wind
schon bald wieder legt,
gehe ich nur eine Zeit lang blind.

Ich lasse mich führen
oder treiben,
nur mit dieser Leichtigkeit
kann ich alles berühren,
ohne zu bleiben.

Zersetzen sich Teile von mir,
viele sehe ich ein letztes Mal,
bin ich dennoch vollständig hier
und trotzdem bleibt mir keine Wahl,
mich neu zu erfinden.

So darf alles weichen,
an nichts möcht' ich mich festbinden,
denn das, was ich halte,
ist meistens das Erste,
das verschwindet.

So halte ich nichts,
außer mich,
so lange,
bis ich wieder fort muss.

*

Du kannst gegen den Sturm ankämpfen
oder dich von ihm tragen lassen.

*

Mein Herz brennt,

geht auf in Licht und Schein.

Ich hab einst gedacht,

Schmerz kann nur kalt sein

und lässt mich in Dunkelheit fallen.

Doch jetzt stehe ich hier,

hell erleuchtet vor dir,

im Kleid des Schmerzes.

Nur deine Hand kann ihn kühlen.

Doch um dich nicht zu verbrennen,

traust du dich nicht,

mich zu berühren.

Ich bin Gefahr für uns.

So hoffe ich auf Regen,

der mich aufgehen lässt

in Dunst.

Und dich stehen lässt.

Zumindest sagt mir das

meine Vernunft

oder das bisschen,

das du hinterlassen hast.

*

Ich gehe zickzack
mit dem Leben,
lasse meine Tage geflochten,
will sie miteinander verweben.
Ich binde Schleifen
und löse Knoten.
So darf meine Sanftheit reifen,
die ich mir so lange habe verboten.

*

Willst du dich erheben
oder kämpfst du dagegen?
Willst du befreit schweben
oder an Vorwürfe kleben?
Willst du dich der Vergebung ergeben
oder nach Schuldzuweisungen streben?

Friedlich wird ein Leben,
indem wir vergeben.

*

Manchmal bedeutet loslassen,
nun einmal nicht frei sein
sondern alles verlieren.

*

Ich schreie mir zu:
„Bleib auf Kurs!"
Ich feuere mich an,
immer weiter an.
Aber heißt das nicht,
dass alles um mich herum verbrennen kann?

Ich blicke in den Himmel,
warte auf ein Zeichen.
Ich sehe bloß Wolkengewimmel,
der dunkle Himmel lässt sie erbleichen.
Ich suche nach dem Licht,
das diese Dunkelheit durchbricht.
Doch wer sucht,
der kommt dem nicht näher,
der hält sich bloß von dem Gesuchten fern.

*

Im Gleichschritt lässt es sich nie
aus der Reihe tanzen,
aber dafür sind wir doch hier,
oder nicht?
Also, gehst du den Schritt
mit mir nach links,
dann vor, zurück
und drei nach rechts?
Und erzählst du mir dabei,
wie unser Tanz weitergeht?

*

Um Postkarten zu schreiben
muss ich erst einmal etwas erleben,
das verewigt durch Schrift,
für immer darf bleiben.

*

Die Schuhe, die du trägst

Ist dein gelebtes Leben
wie alte Turnschuhe,
löchrig und ausgetreten?
Oder wie weiße Chucks,
dreckig von unzähligen Feten?

Ist dein gelebtes Leben
wie Designerschuhe,
zu teuer, um sie zu tragen?
Oder wie Mammuts,
festen Halt gebend auf rutschigen Pfaden?

Ist dein gelebtes Leben
wie Ankleboots,
hängt wie ein Klotz an dir?
Oder wie Ballerinas mit Schleifchen,
ein kleines schüchternes Souvenir?

Ist dein gelebtes Leben
wie Balletschuhe,
wickelst fest um dich jeden Mist?
Oder wie Hackenschuhe,
du machst dich größer als du bist?

Ist dein gelebtes Leben
wie FlipFlops,
unmöglich lautlos zu flüchten?
Oder wie Barfuß-Schuhe,
gesundheitsfördernd laut Gerüchten?

Ist dein gelebtes Leben
wie die guten Birkenstocks,
fühlst dich gut gebettet?
Oder wie Crocks,
beim Niemanden-Treffen hast du dich verwettet?

Ist dein gelebtes Leben
wie Rollschuhe,
hast nie das Bremsen gelernt?
Oder wie Badelatschen,
jeder Schritt quietscht, wenn man sich entfernt?

Ist dein gelebtes Leben
wie Winterstiefel,
als Kind so mega peinlich?
Oder wie Air-Max,
wieder 'nen Trend, der verstrich?

Ist dein gelebtes Leben
wie Schuhe mit Stahlkappe,
weißt dich zu wehren?
Oder wie Motorradstiefel,
die jeden Schritt erschweren?

Ist dein gelebtes Leben
wie Hausschuhe,
so gemütlich und bequem?
Oder wie Babyschuhe,
so süß anzusehen?

Ist dein gelebtes Leben
wie Stoppersocken,
bremsen dich aus,
anstatt die Party zu rocken?
Oder wie barfuß gehen,
spürst jedes Steinchen
und trotzdem bleibst du nicht stehen?

Hättest du je gedacht,
dass das einmal Sinn macht:
Welche Schuhe du trägst,
sagt aus,
welches Leben du lebst.

*

Warum suche ich ständig Erklärungen
für etwas, das halt einfach so ist
und warum lasse ich es nicht einfach so,
wie es ist?
Ich weiß, ich bin tiefgründig gestrickt,
aber was ist, wenn da gar kein
tiefer Grund ist?

*

Wenn ich abhebe,
fängst du mich dann ein?
Wenn ich falle,
hebst du mich dann auf?

*

Ab und zu vergesse ich,
dass ein Leben nicht nur aus den Tagen,
sondern auch aus den Nächten besteht.
Vielleicht leben wir ja ein Doppelleben
in unseren Träumen?

*

Es gibt da diesen einen Gedanken,
den ich mich nie traue,
zu Ende zu denken.
Immer wieder kommt er mir nahe,
übertritt meine Grenzen.
Doch als ich sein Satzende sah,
wurde mir plötzlich klar,
all die Sorgen sind bloß,
durch meinen Kopf in der Zukunft da.

*

Wer den Mut hat,
seinen Träumen zu folgen,
sie einzufangen
und sich mit ihnen zu kleiden,
der braucht nie etwas von anderen zu verlangen
und wird seine treue Begleiterin bleiben.

*

Ich habe unzählige Schulden
bei mir selber angehäuft,
die nur hohe Zinsen dulden.
Ich habe meinen Dispo stark überzogen,
Freunde, Familie für Geld belogen
und bei den Behörden bin ich bereits bekannt,
all die Rechnungen liegen ungeöffnet im Schrank.
Banken kennen mich auch schon,
kein Kredit wird mir gewährt,
dabei habe ich schon verkauft
Schmuck, Auto und Pferd.
Dabei steht bei mir
doch nur dieser eine Traum auf dem Papier.
Doch ich bin ihn noch nicht angegangen,
habe mich immer in Ängsten verfangen
und so bin ich hoch verschuldet,
weil dieser Traum kein Aufschieben mehr duldet.

*

Ich glaube,
in manchem Glauben,
steckt gar nicht so viel Wahrheit,
wie ich glaube.

*

Wenn Hoffnung
aus mir heraus entsteht,
wer ist es dann,
der diese Hoffnung
in mir sät?

*

Den Ausblick vom Tal in die Berge
genieße ich gelassen.
Ich wollte sie nie bezwingen,
wollte sie absichtlich verpassen.
Ich bin kein Glied der Leistungskette,
bleibe lieber in den Tiefen.
Und mich muss auch niemand retten.
All jene, die es versuchten,
waren die, die sich verliefen.
Ich lebe mein Leben für mich selbst
und nicht für Leistung, Anerkennung
oder Geld.

Wofür lebst du?

*

Vielleicht verliert man im Leben
niemanden so schnell
wie sich selbst.
Doch auch niemanden
gewinnt man so schnell zurück,
wenn man sich auf die Suche begibt.
Denn du bleibst dort in dir,
du hast dich nur ziemlich gut versteckt.

*

Manchmal,
da schreie ich gegen das an,
das leise ist,
möchte, dass es lauter wird.
Manchmal,
wenn ich ganz ruhig bin,
kann ich es hören,
das Leise.
Und so weiß ich jetzt,
das Leise hat viel mehr zu sagen
als das Laute.

*

Anstatt Seide und Kaschmir,
Boyfriend-Jeans und Hemd.
Anstatt Schumann auf dem Klavier,
wie man den Probenraum dämmt.
Anstatt schick und vorzeigbar,
im Stil nicht definierbar.
Anstatt mit Masterplan
und Mastercard von Daddy,
mit 50€ in der Tasche
einmal um die Welt mit 'nem Caddy.

So leben wir in dem gleichen Land,
und trotzdem prallen Welten aufeinander.
Doch gehen diese Welten Hand in Hand,
bloß nicht in jeder wachsen wir
wie ein Oleander.

*

Wenn ich immer wieder das Gleiche
über mich denke,
dann denken es auch irgendwann
alle anderen von mir.

*

Wenn ich nachts wach liege
und die Sterne zähle,
frage ich mich,
was du dort oben gerade machst
und ob ich für dich auch so hell leuchte?
Ob ich für dich
auch ein Stern bin?

*

Wenn mir der erste Frühjahrswind
durch die Haare weht,
weiß ich,
ich habe genug die Nacht gelebt.
Die Tage saugen sich voll
mit Helligkeit
und die ersten Frühblüher
betupfen die Natur
mit neu entfachter Schönheit.
Sie haben bloß geruht,
so wie ich.
Wer sich im Winter Gutes tut,
der sich selbst einen strahlenden
Sommer verspricht.

Das Fremde

Mein Auge erkennt Neues
und mein Herz zieht sich zusammen.
Denn es bevorzugt Treues
und verhält sich vor Fremden
wie ein Pferd,
das scheut.
Doch so wie Gewohntes
keine Abenteuer beschert,
schaue ich mir meine Angst an
- heut'.
Aber nur heute,
denn das macht es erträglich
und kein noch so kleiner Schritt
ist vergeblich.

Ohne meine Angst,
wäre ich vielleicht nicht das Pferd,
das scheute,
doch vielleicht die Todesanzeige von heute.
Ich glaube daran,
dass ich nur mit beidem leben kann:
Mit der Angst und der Liebe.
Mit dem Zweifel und der Zuversicht.

Und ich weiß,
dass jedes Fremde
irgendwann vertraute Worte spricht.

Aus dem zusammengezogenen Herz
entweicht das Ringen,
um das Halten von altbekannten Dingen.
Denn erst dadurch entsteht der Schmerz
und diese verkorkste Bitterkeit.
Doch ich will lieber die Korken knallen lassen
und von falschen Ansprüchen befreit,
nach diesem furchteinflößendem Neuen fassen,
sodass ich sehe,
dass diese Furcht nur existiert in mir.
Und je mehr ich sie hin und her drehe
und von allen Seiten betrachte,
ist sie plötzlich kleiner als ich dachte,
sodass ich meine Angst vor ihr verlier'.

*

Indem ich versuchte,
das Wilde in mir zu zähmen,
fühlte es sich an,
als wenn Wildpferde entkämen.
Denn was ich mir nicht zugestand,
ist das, was ich in meiner Wut fand.
Jetzt erlaube ich mir wild zu sein,
sodass sich Ruhe und Wildheit
in mir vereinen.

*

Ich stehe vor verschlossenen Türen,
der Eingang ist schön verziert.
So erscheinen mir auch Grenzen
manchmal als schön dekoriert.
Ab jetzt behänge ich jedes Ende
mit bunten Schnüren.
Feiern kann man doch eigentlich alles,
es liegt bloß an meine Beurteilung des Falles.

*

Ich wendete der Dunkelheit
meinen Rücken zu.
So übermannte sie mich.

*

Ich sammle Zeitschriften
wie Familienfotos,
bloß ich fehle auf jedem Portrait.
Ich erzähle von fernen Orten,
auf dessen Wegen ich niemals geh.
Ich führe ein Leben im Wartezimmer,
lasse mich vom Tratsch unterhalten.
Manches macht´s besser,
manches macht´s schlimmer.
Dann würde ich die Berichte
gerne zusammenfalten.

Ich selbst
habe noch kein einziges Wort geschrieben.
Das geht erst,
wenn ich all den Tratsch
und die Zeitschriften lasse liegen.
Denn ein Leben im Wartezimmer,
wird niemals besser,
sondern schlimmer.

Lebendige Marionette

Ein Leben als Marionette,
für das Aufrechterhalten der Familienkette.

Du kannst die Strippen durchschneiden.
In jeder Situation wählst du selbst,
wie lange du möchtest in ihr verbleiben.
Fühlst du dich ausgeliefert,
dann schaue,
was und wer dich festhält
und höre auf aus Pflicht nach etwas zu leben,
das dir selber gar nicht gefällt.
Deine Familie sollte dich lieben
und dir nicht Wege vorschreiben.
Es ist Zeit,
den starren Rahmen auszudehnen,
anstatt dich zu verbiegen.
Und deine Träume aufzuzeigen,
anstatt dich für sie zu schämen.

Sei das endende Glied der Familienkette,
anstatt ihre lebendige Marionette.

*

Oft können wir nicht
den nötigen Mut fassen.
Der Grund der Tatsachen ist es,
weshalb wir so viele Sachen lassen,
ohne sie probiert zu haben.
Vielleicht bemalen wir die Tatsachen
aber auch bloß mit den falschen Farben?

*

Es sollte nicht so sein,
dass wir für das,
was uns wichtig ist,
kämpfen müssen,
um es zu halten.

Es sollte so sein,
dass es gerade dadurch,
dass wir loslassen,
bleibt.

*

Das Dunkle der Nacht

Ich lebe Tage nie zu Ende
und beende den Tag,
bevor er endet.
Meine Gedanken
setzen Stunden in Brände.
Herz und Verstand
sind wie Geschwister,
die sich zanken.
Jeder Kompromiss
stößt gegen 'ne Wand
So kann ich nur der Nacht danken,
die mein Overthinking
in Dunkelheit zerriss.
Doch wird dann in Stille laut:
Jeder Fehler,
den ich am Tage beging,
wird mir in der Nacht gewiss.

Sommersprossen

Ich male mir Sommersprossen
auf die Nase,
um mich zu erinnern,
dass ich in meinem Leben
nicht die Sprossen
der Karriereleiter hinauf jage.

Schon als Kind habe ich beschlossen,
ich möchte Sommersprossen
vom Sommer
und vom Lachen.
Ich möchte mich niemals fühlen
wie ein Zwanzigtonner,
aufgrund all der Pflichten,
die ich habe zu machen.
Ich möchte tanzen auf den Stühlen
und nicht auf der Erfolgskurve
mir mein Gemüt verkühlen.
Ich möchte mich
nach meiner Freude richten
und nicht nach Status oder Geld.

Ich möchte nicht Geschichten
anderer Menschen sichten,
sondern meine eigene,
vielleicht als Gedicht,
mit Bildern bunt verziert,
manches Wort falsch geschrieben
oder verschmiert,
dichten.

Und so male ich mir jeden Tag
Sommersprossen auf die Nase.
Und so bleibt mein Sommer
nicht bloß eine Phase.

*

Ich kann mich nicht verlieren,
denn ich musste mich
nie gewinne.

*

Studierenden-Aufschieberitis

Matcha-Tee
und schwarzer Kaffee,
bis ich den Mond tanzen seh'.
Ich mache durch
vor Laptop oder PC.
Ich verlasse meinen Platz nur
für den Gang aufs WC.
Ein zweites Leben bräuchte ich,
in dem ich schlafen geh'.
Dieses schlägt im Takt der Deadline,
die ich tatsächlich als meinen Tod anseh',
wenn die Dozentin zu meinem Exposé sagt:
„Adé!"

*

Ich glaube, ich habe es verstanden,
die Sache mit der Wut:
Nach ihrem Ausbruch
ist wieder alles
glitzergoldig
gut.

*

Sein Leben zu führen,
ist die einzige Führung,
die wir übernehmen sollten.

*

Wenn ich falle,
fängt mich das Leben auf
und schleudert mich
über mich hinaus
wie ein Trampolin.

*

Auch im Grau
spiegelt sich der Himmel.

*

Im Gewässer spiegelt sich alles.
Der Mensch besteht zu etwa 70% aus Wasser.
Vielleicht spiegeln wir uns deshalb
oft in anderen?

*

Wenn ich mein inneres Feuer zähme,
springt es wutentbrannt auf andere über.

Wenn ich mein inneres Feuer anheize,
leuchtet es anderen sanft den Weg.

*

Ich strecke meine Beine Richtung Himmel
und meine Hände lege ich auf den Boden.
So wechseln meine Gedanken die Richtung,
denn unten ist jetzt oben.
Es ist immer die Perspektive,
gepaart mit meiner Überzeugung,
ist es die wahre oder die fiktive.

*

Die Rosen stehen im Glas,
schon längst nicht mehr schön anzusehen.
So ist es wohl immer,
wenn wir zu lange etwas halten,
das längst müsste gehen.

*

Luft strömt durch mein Haar.
Ich fühle mich aufgeladen von Solar.
Ich schmecke das Salz auf meinen Lippen.
Ich spüre die Höhe der Klippen.
All das,
weil ich mit geschlossenen Augen,
bin.

*

Ich lebe mit meinen Schatten,
anstatt gegen sie.
Wenn sie mir einen Besuch abstatten,
lade ich sie ein,
anstatt sie auszusperren.
Ich biete ihnen an einen Wein
und so hören sie auf an mir zu zerren.
Ich öffne ihnen meine Arme
und so sind meine Schatten
nicht mehr länger kalte,
sondern warme.

*

Unter meinem Bett aus weiß,
das für Reinheit spricht,
liegt versteckt so viel Scheiß,
der meine Würde bricht.
Denn ich bin nicht unschuldig,
bin wohl auch fehlbefleckt.
Diese Fehler betrachte ich nicht liebevoll
und geduldig,
denn sie müssen weg
- schnell, schnell!
Sieh' doch nur, es wird schon wieder hell!

Doch wenn ich ehrlich bin,
hinterlässt dieses Versteckspiel
eine schmerzhafte Spur.
Und die, die niemals hinfiel,
vollbrachte ihr Leben nicht mit Bravour,
sondern wohl gar nicht.

Mir wird jetzt klar,
schon längst haben es alle geblickt,
schauen mir in mein vernarbtes Gesicht.
Nur ich selbst tat es viel zu lange nicht.

*

Die wichtigsten Ratschläge
erteilt dir nicht ein Meister
oder Ratgeber,
sondern dein Herz.
Höre zu.

*

Wenn wir durchs Suchen
eh nie das finden,
was wir wollen,
warum dann
weitersuchen?

*

Bleibst du
mit mir
jetzt einfach
hier liegen
in den Scherben
unserer Seelen?

*

Schönheit ohne Chemie

Der Nagellack steht auf dem Tisch,
gleich riecht es nach Chemie.
Dazu Make-Up und Lippenstift,
Must-Haves laut Instagram und TV.
So trägst du auf Schicht für Schicht,
immer dicker wird die Maske
auf Hände und Gesicht.
Nur so zeigst du dich der Welt,
denn nur so ist Frau schön.
Wenn abends dann die Maske fällt,
machst du es morgens doppelt gut,
mit Rundbürste und Föhn.

Hat dir noch niemand gesagt,
dass all das im Außen niemals bleibt?
Und dass auch Schönheit durch Chemie vergeht,
mit dem Laufe der Zeit?
So lass mir dir sagen, was zählt:
Deine innere Schönheit, sie ungepudert zu tragen.
Die Chemie zwischen verschiedenen Charakteren.
Deinen ungeschminkt kennenzulernen,
ja, das würde mich echt ehren.

*

Magst du mir mal erzählen,
willst du Herzen lieben
oder Herzen stehlen?
Willst du Vertrauen schenken
oder Authentizität beschränken?
Willst du echt sein
oder gespielt?
Willst du der sein,
der wunde Punkte schützt
oder auf sie zielt?

Bitte sag mir nicht,
dass du halt einfach so bist.
Weil der Ausgang unserer Geschichte
zur Hälfte auch deine Entscheidung ist.

*

Es gibt wohl nichts Bedeutenderes
und gleichzeitig Schmerzhafteres,
als dein Innerstes nach außen zu stülpen
so wie ein auf links gedrehtes Kleidungsstück.
Weil dein Inneres
dein Außen formt.

*

Hallo Hoffnung

Jeden Morgen
holt mich die Hoffnung aus dem Bett.
Sie kleidet meine Sorgen
in einem Kleid aus Licht .
Beide ein wunderbares Duett,
sodass jede dieser Sorgen
von nun an leiser spricht.

Durch diese Hoffnung
treibe ich weiter durch den Tag,
mit der sanften Stimme im Herzen,
dass er etwas Gutes für mich vermag.
Bringen Erlebnisse dann Schmerzen,
ist sie es, durch die ich in diesem Moment
Ja zu dieser Erfahrung sag'.

Jeden Abend
lässt mich die Hoffnung
beruhigt meine Augen schließen.
Sie belebt die Stimme in mir,
dass aus Wunden Blumen sprießen
- eines Tages.

*

Hoffnung,
dank dir,
tun mir die Tage und Nächte
weniger weh.
Weil ich durch dich
in jedem Schmerz
ein kleines Licht seh'.

*

Wenn ich nicht mehr weinen kann,
schaut mich der Tod von innen an.

*

Nur ein klarer Geist empfängt Ideen
und nur durch Handlungen bleiben sie bestehen.

*

Die meisten Menschen
wachsen in einem Umfeld auf,
in dem ihnen immerzu die Grenzen
und nur selten die Möglichkeiten
aufgezeigt werden.

*

Hier oben in den Bergen
scheint die Weite unendlich zu sein.
Ich denke,
manchmal ist es doch tröstlich,
wenn etwas endlich ist.

*

Meine Wahrnehmung der äußeren Welt
ist gespickt durch die Ordnung
meiner inneren Welt.

*

Das Fragezeichen liegt schwer
auf meiner Brust.
Es gab mal eine Zeit,
da habe ich auf uns die Antwort gewusst.
Doch gegen uns spricht jede Vernunft.
Und so ist es lange her,
dass ich mit dir sprach.
Heute möchte ich tanzen.
Ich möchte mich durch jeden Tanz
ein wenig mehr erkennen.
Ich möchte mich nicht nach
einstudierten Bewegungen bewegen,
sondern mich aller Regeln entknoten
und nach meinem Rhythmus
durch den Tag tanzen.
Ich möchte, dass in meinem Leben
die Leidenschaft zählt.

So tanze ich,
um die Kontrolle zu verlieren
und dabei etwas Großes zu gewinnen:
Die bedingungslose Liebe zu meiner Existenz.

*

Trotz Wohlstandsgesellschaft
und Sicherheit in meinem Leben,
ist da diese Lücke in meinem Herzen.
Manchmal bedeutet wahrhafte Lebendigkeit
wohl das volle Risiko
und alles auf eine Karte zu setzen.
Loszulassen,
und im Wenigen zu schwimmen.
Rein gar nichts mehr in der Hand zu haben.

Wonach greift meine Hand,
wenn sie nichts mehr hält?

*

Ich frage mich,
warum ich so flach atme,
ich bin doch nur die Tiefen gewöhnt.

*

Ich versuche mich kurz zu halten,
doch jeder Text artet aus.
Ich würde meine Rede gerne zusammenfalten,
doch mir gehen nie die Worte aus.
Lässt man mir meinen Lauf,
dann gebe ich niemals auf,
damit ich euch das Leben beschreiben kann.
All das mit der Hoffnung,
auch ihr fangt zu leben an.

Warum sollte ich mich auch kurz halten?
Und meine Reden eingrenzend gestalten?
Nur, weil das Leben endlich ist?
Auch ich bin vergänglich,
doch meine Worte
sind es nicht.

Was hält Dich also noch zurück,
dass Du Deine Worte sprichst?

*

Das Universum in ihr

Sie ist wie die Sonne,
kraftvoll und wärmend
und Zuversicht lernend.

Sie ist wie der Mond,
nicht immer ganz bei sich
und das Scheinen in Dunkelheit gewohnt.

Sie ist wie der Merkur,
folgt ihrer Vernunft
und in Kommunikation mit dem Leben
trifft sie eine Übereinkunft.

Sie ist wie die Venus,
sanft und kunstverliebt
und eine, die sich der Liebe hingibt.

Sie ist wie der Mars,
lässt sich durchfließen von Yang
und sie geht in die Aktion mit ihrem Tatendrang.

Sie ist wie der Jupiter,
optimistisch gestimmt
und jeder Zweifel wird durch ihre Vision gedimmt.

Sie ist wie der Saturn,
zeigt sich Grenzen auf
und durch Struktur lässt sie nicht
jedem Ding seinen Lauf.

Sie ist wie der Uranus,
scheut sich nicht vor einem Aufstand
und gerne gekleidet im rebellierenden Gewand.

Sie ist wie der Neptun,
verlierend in Phantasie
und im Illusionen-Verrennen
ist sie manchmal ein Genie.

Sie ist wie der Pluto,
manchmal verfallend einer Obsession
und doch nutzt sie ihre Macht
für die Transformation.

In ihr pulsiert das ganze Universum
und sie bewegt sich in ihm.

*

Nachts geht es mir besser.
Fast ist es so,
als würde meine Dunkelheit
durch ihre Dunkelheit abgefangen.
Und nicht meine Tränen,
sondern ihr Tau rinnt über meine Wangen.
Sie ist wie ein Schutzschild
oder eine friedliche Umarmung,
in die ich mich betten darf.
Und so ist nicht der Tag,
sondern die Nacht mein Vorbild
und bietet mir Tarnung,
durch die mir meine Schatten als unscharf
erscheinen,
weil sie sich mit der Nacht vereinen.

*

Still und versöhnlich
liegt er da,
der Neubeginn.
Und indem ich nicht weiß,
wo er mich führt hin,
kann ich so viel mehr gewinnen.

*

Ich kenne diese Liebe,
die man nicht verwerfen darf.
Doch auch diese innerlichen Kriege,
die sie zu leben machen hart.
Es ist oft schwer verständlich,
Schmerz und Liebe sind ein Paar.
Das eine kurzweilig,
das andere bis unendlich.
Doch wie man will,
ist nicht immer, wie man darf.
Und so kenne ich diese Liebe
und sie kennt auch mich schon gut,
weil unser Schmerz wohl
auf Gegenseitigkeit beruht.

*

Was das Leben leichter macht:
Entspannung
in der
Anspannung
finden.

*

Auf dem Kuchen brennen die Lichter,
ausgepustet und der Qualm wird dichter.
Gedanklich schwebe ich ihm nach,
lasse mit ihm meine Wünsche frei.
Und auch wenn mal einer zerbrach,
fühle ich Zuversicht dabei,
denn die erloschenen Lichter
brennen jetzt bereits dort,
wo meine Wünsche liegen.
Durch den Qualm hindurch
sehe ich Gesichter
und so schließe ich heute Frieden.

Denn ich weiß:
Auch Erloschenes
kann wieder neu entfacht werden.

*

Ich hoffe auf den best day ever.

Alles 3x durchgeplant.

- das nenne ich echt clever.

Und dann kommt er auch schon,

mit der Sonne im Gepäck.

Freundlich zu lächeln,

gehört zum guten Ton

und Sorgenfalten lebt man nur versteckt.

Ich setze meine Sonnenbrille auf,

so kann sich der Himmel in mir spiegeln.

Doch was ist denn das?

- Es beginnt zu nieseln.

Jetzt werde ich auch noch nass!

Mein Plan war wohl nicht wasserdicht,

ich würde ihn gerne stornieren.

Nicht mal an eine Jacke hat er gedacht

und jetzt muss ich frieren.

Doch als der Wind sich langsam legt,

sehe ich am Horizont,

dass dort ein Regenbogen entsteht

und bunt lacht er gekonnt.

So wird der Tag wohl doch noch was

und er hat mich gelehrt:

In einem bunten Leben

ist auf Pläne kein Verlass.

Vielleicht Eigentlich

Meine Tonspur läuft auf *Vielleicht*
und mit meinem Sammelsurium
an *Eigentlichs* werde ich noch reich.
Ich frage mich,
was mit mir passiert,
wenn eines dieser Worte weicht.
Wird *Vielleicht* zu *Das ist so*
und *Eigentlich* zu *Ich fühle das so*?
Befreie ich dadurch meine Unsicherheit
wie Tiere aus 'nem Zoo?

Warum gibt es solche Worte,
wenn sie einen kleiner machen?
Ist die Sprache echt so ausgelegt,
dass der Zweifel kann mitlachen?
Und wenn ich ihn jetzt streiche,
nicht mehr denke oder ausspreche
und meine Abhängigkeit erweiche,
erscheint meine Souveränität auf der Bildfläche.

*

Die Liebe

Ich weiß nicht, ob mich der Kaffee wachhält,
ob es du in meinen Gedanken bist.
Ich weiß nicht, ob meine Perspektive
die Sicht auf die Liebe verstellt
oder ob sie mich einfach immer vergisst.
Die Liebe.
Mich übersieht,
mich kleiner unbedeutender Mensch.
Mir niemals geschieht
und mir keine Beachtung schenkt,
weil ich ihr zu viel Beachtung schenke.
Mein Leben für ein Treffen mit ihr hinlenke
und sie dadurch immer verpasse.
Denn Liebe geschieht mir immer nur,
wenn ich nicht nach ihr fasse,
meine Augen geschlossen,
doch mein Herz offen stehen lasse.

Die Liebe passt in keine Pläne
und manchmal ist sie so furchteinflößend
wie die erste graue Strähne.
Denn auch sie ist endlich,
ihr Ausdruck manchmal missverständlich
und ihr Wirken unverständlich.

Auch nach dem zehnten Kaffee
wird sie nicht klarer.
Fließt das Koffein erweckend durch jede Ader,
steht sie in mir noch immer auf lautlos.
Und egal, welchen Stein ich auch anstoß',
die Liebe rollt nie geschmeidig.
Sie ist eher ein stolperndes Rad,
das holpernd geht an den Start
und dann plötzlich unangekündigt
Schluss, aus, finito sagt.

Meine Augen sind müde
vom Tanz der Liebe,
dessen Schritte ich nie fehlerfrei hinkriege.
Und während ich hier auf dem Boden
der Lieblosigkeit liege,
denke ich darüber nach,
wenn ich jetzt die Arme ausstrecke,
sieht es vielleicht so aus,
als ob ich fliege.

*

Ich liege wach
von zu viel Zucker am Abend.
Er hält mich wacher
als das Leben selbst.

*

Ich schlafe ein
mit schwerem Magen,
den Tag nicht verdaut.

Ich wache auf
mit Ziehen im Herzen,
dem Falschen vertraut.

*

Manchmal wüsste ich zu gern,
was in dir tobt,
wenn der Schmerz
in deinen Augen steht.

*

Nebel

Der Nebel ist oft der Vorbote
für einen schönen Tag.
Doch seien wir mal ehrlich:
Auch wenn dann die Sonne lacht,
heißt das nicht, dass sich der Mensch
dann weniger beklagt oder Gedanken macht.
Darüber wer er ist, was er will
und wann und wie viel.
Er führt List und setzt Harken,
in der Hoffnung, so erreicht er sein Ziel.
Es muss schnell sein
und lieber zu viel als zu wenig.
Einmal zu bleiben,
könnte all den Schmerz hochtreiben,
weil man plötzlich nicht mehr weiter muss.

Und Emotionen sind in Bewegung,
doch halten wir sie oft mehr fest
als diesen Moment
oder uns selbst.
Dann wundern wir uns,
dass niemand sich kennt?
Dass wir uns täglich im Spiegel sehen
und trotzdem sind wir uns fremd?

Einen Knopf, den müsste es geben,
für Pause und für Durchblick.
In der Hoffnung, dass wir erkennen,
wir sind schon längst zu Hause
und jede ist es schon immer gewesen.
Wenn wir uns mal
im Gedankenchaos verstricken,
fegen wir es weg wie Dreck mit dem Besen.
Denn ich wette mit euch,
für all unsere Zweifel
gibt es unzählige Antithesen.

*

Liebes Leben

Hallo liebes Leben,
ich weiß, dass du mich vermisst.
Doch ich hoffe, dass du mich
trotz all der ungelebten Tage nicht vergisst.
Die Wahrheit ist,
ich vermisse mich auch oft
und behandle mich schroff.
Und dann gebe ich wieder dir die Schuld.

Liebes Leben, ich beneide dich echt
für deine Geduld,
mit mir und mit der Welt.
Denn ich will oft alles schnell
und immer mehr
oder ich will einfach gar nicht mehr.

Aber Leben, bitte berücksichtige,
deine Zweideutigkeit versteht man
manchmal echt schwer.
Bei jedem gedanklichen Hin und Her,
liegst du einfach ganz still da.
Wie ein Anker, der mich im Hafen hält,
wenn sich eine falsche Überzeugung zu mir gesellt.

Du bestehst aus unendlichen Entscheidungen
und ziehst lautlos weiter,
wenn man keine trifft.
Und jede wirft dir bestimmt die Frage vor,
warum gibt es zum Erfolg keinen Lift.

Liebes Leben, manchmal,
da verlangst du ganz schön viel.
Denn durch dich habe ich erfahren,
nur ein Weg mit Höhen und Tiefen
führt zum Ziel.
So bin ich ziemlich kraftlos,
denn ich habe gegen dich gekämpft.
Doch in Wahrheit bin nur ich es,
die dich als Gegner benennt
und meint, dich Leben,
lebt man nur, indem man rennt.

Bitte Leben, sag mir,
warum liege ich wieder wach?
Ich erkenne dich nur im Mondlicht,
denn mein Licht, das ist schwach.
Liebes Leben, stimmt es,
dass du nie dein Wort brichst?

Und warum lügen sich dann so viele Menschen
tagtäglich ins Gesicht? (So wie ich)
Also bitte liebes Leben,
kannst du mich hier sehen?
Wie ich versuche,
nicht vor der Angst zu beben,
zu klein für dich zu sein?
Du bist so groß und ich so klein.
Können wir gerade dadurch vielleicht
eine Einheit sein?

Ja, das ist mein Wunsch
für diese Nacht
und für dieses Leben.

Leben, darf ich dich
als Trostpflaster auf mein Herz kleben?

Und schon einmal vorweg,
damit uns niemand vermisst:
Ich nehme dich von jetzt an mit,
damit du mich nicht vergisst.

Hab dich lieb, Leben.

Zum Abschluss möchte ich dir
diesen Text schenken,
in der Hoffnung,
dass er dich ermutigt,
deine Träume zu leben.

Ich erinnere mich
an große Worte und kleine Taten.
Ich erinnere mich
an große Träume und kleine Leben.
Ich erinnere mich
an freie Gedanken und eingebrannte Regeln.
Ich erinnere mich
an Zwiespältigkeit und an das hilflose Herumstehen
an Weggabelungen.
Ich erinnere mich,
mich mit dem, was da ist, zufrieden zu geben.
Mir nur das zuzugestehen, was greifbar ist.
Nur das zu sehen, was vor meinen Augen liegt.

Ich sehe mich an Grenzen stoßen,
die ich nicht hinterfrage.
Ich erinnere mich
an immer gleiche Probleme
in immer verschiedenen Jahren.
Ich erinnere mich
an Sorgen, die mit mir gereift sind.
Indem mein Körper immer mehr an Größe gewann,
sah ich zu, wie das Feuer meiner Seele
immer mehr verschwand.
Ich bin eine Frau geworden.
Ein erwachsener Mensch.
Doch was bringt einem das,
wenn man dabei die kindliche Leichtigkeit
verloren hat?
Am Ende gibt es nur eines,
woran ich mich erinnern möchte:

Dass ich gar nicht träumen brauchte,
weil ich wahrhaftig lebte.

*

Danksagung

Es mag seltsam klingen, aber zuerst möchte ich mir selber danken – dass ich mich häufig zerbrochen durch den Tag trage und trotz allem den Mut habe, der Dunkelheit in mir zu begegnen und mich ins Licht zu schreiben.

Ich möchte auch meinen Eltern danken und damit meine ich euch alle vier. Danke, dass ich mich auf euch verlassen kann. Ich danke auch meinen Brüdern Melvin und Nico, meinen Großeltern und meiner Patentante Nicole. Eure Unterstützung tut mir gut.

Mein tiefer Dank gilt zudem dir Rahsan, denn du hast meinen Gedichten den Feinschliff gegeben und mich mit deinen liebevollen Anmerkungen motiviert, mich so offen der Welt mitzuteilen. Ich danke meiner jahrelangen Freundin Sabrina. Du gehst jeden Weg mit mir, auch wenn mein Orientierungssinn noch nie der beste war. Zuletzt möchte ich allen Menschen meinen Dank aussprechen, die Teil meines Lebens sind. Dass ihr da seid, bedeutet mir die Welt!

In Liebe,
Mira

Über die Autorin

Mira Witte lebt als freie Schriftstellerin und Künstlerin mit ihrer Katze Fairy in einem kleinen Dorf nähe Braunschweig. Schon von Kind an schreibt sie Gedichte, Songtexte und Geschichten um ihre Gefühle zu verarbeiten und sich selbst sowie die Welt ein kleines Stück besser zu verstehen. Nun möchte sie den Wert der eigenen Kreativität anderen Menschen vor Augen führen. Mira arbeitet als Lehrerin an einer Grundschule und sie gibt leidenschaftlich gerne Reiki und Meditationskurse. Als Sonnenzeichen Skorpion hat sie sich den Tiefen des Lebens und der menschlichen Seele angenommen und sie liebt es zwischen Licht und Dunkelheit zu tanzen.

Weitere Informationen unter:

www.mirawitte.de

Instagram: mirawitte